DIESES
BUCH
gehört:
....

Janosch wurde 1931 in Zaborze (Polen) geboren,
lebte in Paris
und München und wohnt
seit 1980 in Spanien.

Er schrieb und malte etwa 200 Kinderbücher, Romane,
Theaterstücke und anderes mehr.
Er erhielt u. a. den französischen und
den deutschen Kinder- und Jugendbuchpreis.

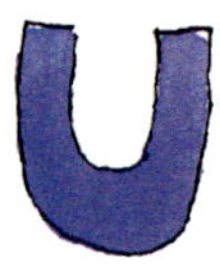

neu arrangiert, 1. Auflage, Gifkendorf 2009
Satz & Layout: Little Tiger Verlag
Gesamtherstellung: novoprint, Barcelona
ISBN 978-3-931081-56-0
www.little-tiger.de

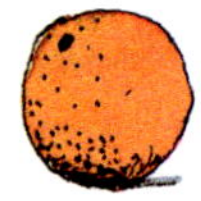

Janoschs

TAUSEND BILDER LEXIKON

R  A

LITTLE TIGER BOOKS

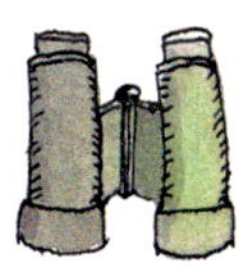

D
G

A

Acht **a**llein

Aal

Andreas mit **A**uto
an der **A**mpel

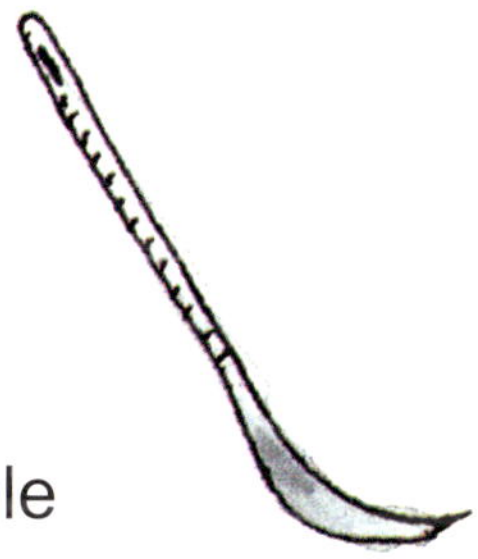

Ahle

Armer **a**lter **A**ffe
erbittet ein **A**lmosen.

Amerika

A

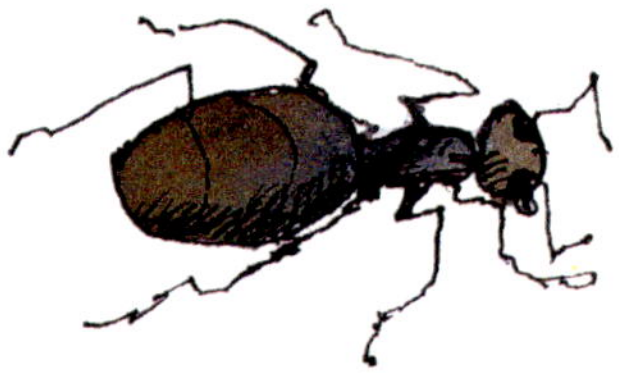

Ameise, **a**ber vergrößert

Ananas im **A**ngebot

Armbanduhr

Angelbär mit **A**ngel

Angelhaken

A

Aquarium

Astronaut im **A**ll

alter **A**norak

Auge

Augenfisch

A

Abschleppwagen mit dem **a**lten **A**uto

Asphaltauto

A

Affenzahnauto

altes **A**uto

neues **A**uto

Antons **A**uto

B

Der **B**är, der **B**är, wo kommt er her?

Badewanne

Baum

Besen

B

Bild

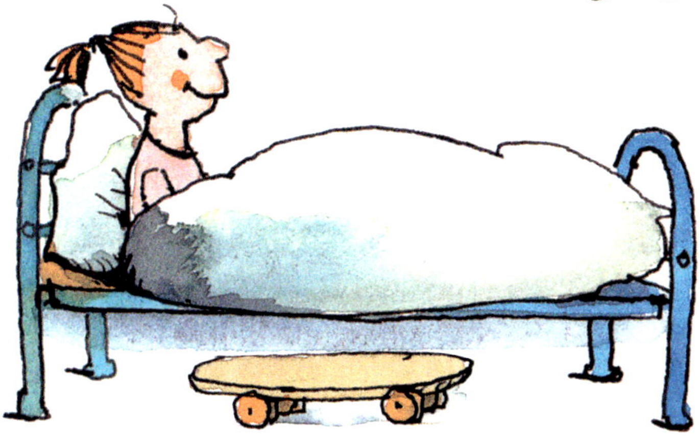

Bettina im **B**ett

Board unterm **B**ett

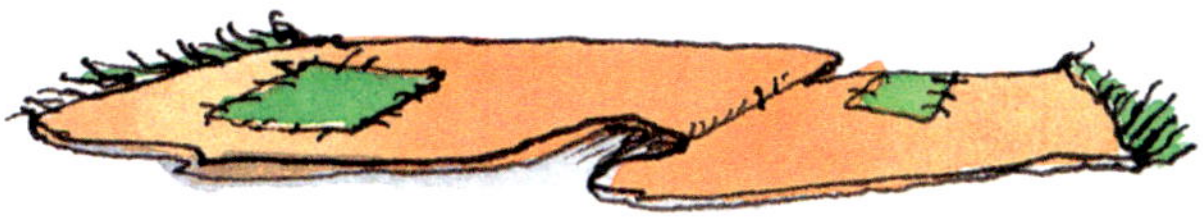

Bettvorleger

Bleistift

Bagger

B

Birne eins

Birne zwei

blauer **B**untstift

Bodo und **B**runo
auf einem **B**ild

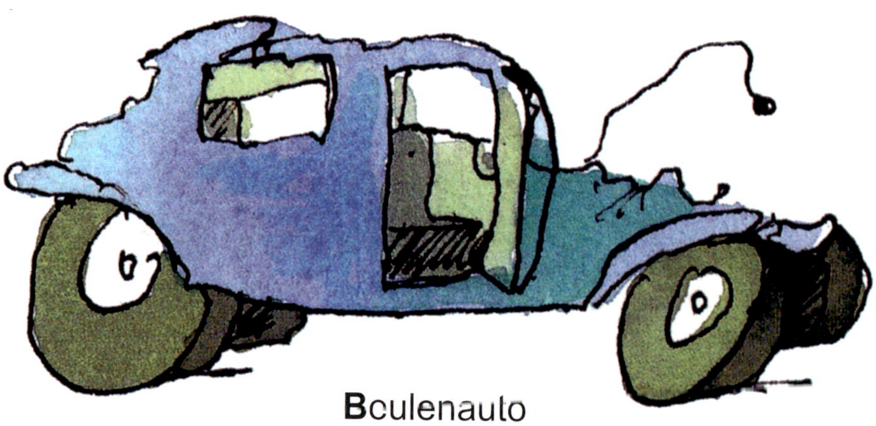

Beulenauto

B

Bobbo **b**egrüßt **B**riefträger.

Briefkasten

Brief aus **B**erlin

Boot

Bananaboot

B

Brille mit
Pünktchen

blaues **B**uch

Barbaras **b**untes
Ballkleid

Blau allein

Banane ohne Hut

Banane mit Hut

C

Clown mit **C**ello

Cowboy mit **C**olt

Comic

C

Computer

Cornflakes

Carlo **C**arnevale

Clodwig, **C**äsar, **C**laudia,
Cornelius, **C**asimir

D

Düsenflugzeug

Dame im Gegenwind

Dampfer

Dampfwalze

Deckel

D

Delphin

Dose

Damenschuh

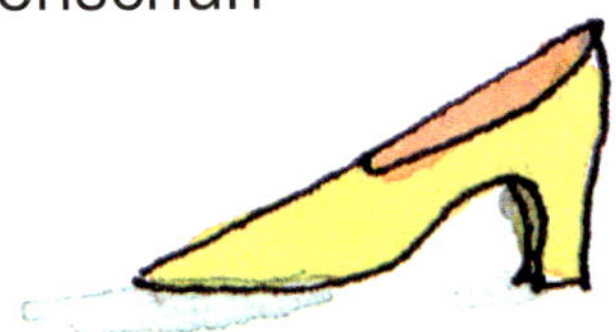

Dino

Direktor
Doktor
Dirks

D

Dreieck

Dromedar

Dieter **D**ödel

du **d**unkler **D**om

D

Drachen

Dreier-Drink

Doppeldecker

Dusche

Denkmal

E

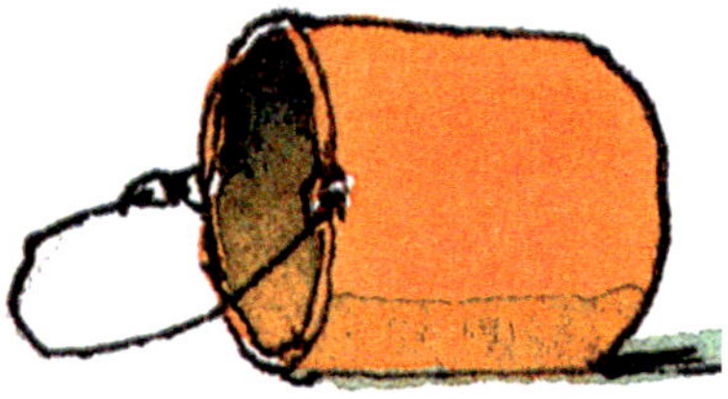

Eimer

Ei

Eierbecher

Eierschalen

Ehrenfried mit Eis am Stil

Eisenbahn

E

Ente

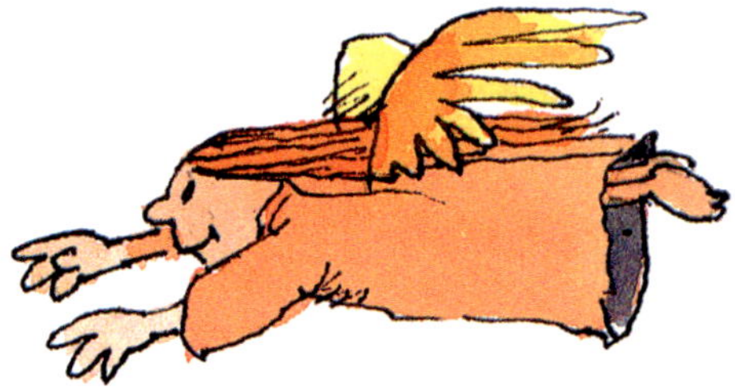

Engelchen

einzelne **E**rbse

Eselin

Erbsensuppe im Topf

Elefant **e**rledigt
Eimer.

F

Fallschirmspringer

Fahne

Fliegendreck hundertfach vergrößert

Fass

fröhliches **F**ahrrad mit **F**rühlingsblume

F

Ferkel

Feder

Frau **F**rieda **F**lohmann
fläzt im **F**enster.

Fernglas

freundlicher **F**isch

Flieg, Vogel, **f**lieg in die **F**reiheit!

Flötenhund

Farbfernseher

Fritz mit **F**ernbedienung

F

fröhlicher **F**loh

Frau **F**röbel ist voller **F**löhe.

Fragezeichen

Franz mit seinem verdammten Hut

Fiedelhase **f**urzt drei **F**iedlerfurze.

G

Gib **G**abi die
Gabel, du **G**impel!

Gangsterbraut
Gundilla
Grimmlich

Gangsterlimousine

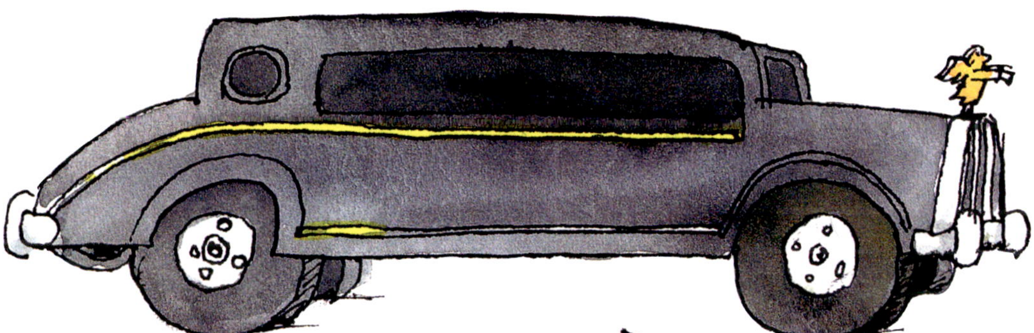

Gans

große Tüte
Grünfutter

G

Geige

Glas

goldene Nase

grüne **G**ießkanne

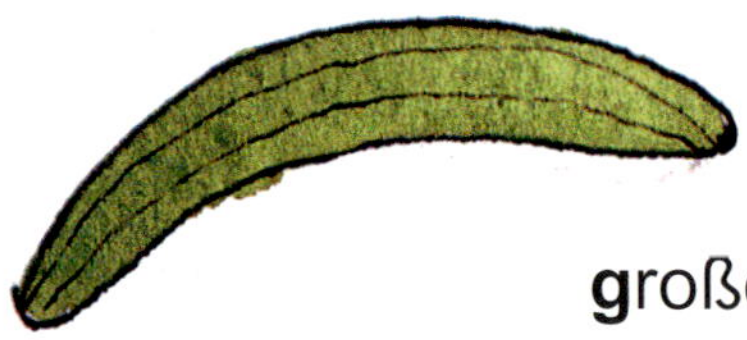

große **G**urke

General

Geländewagen

G

Glühbirne

Globus

Giraffe

Geburtstagsgruß
an **G**roßmutter

G

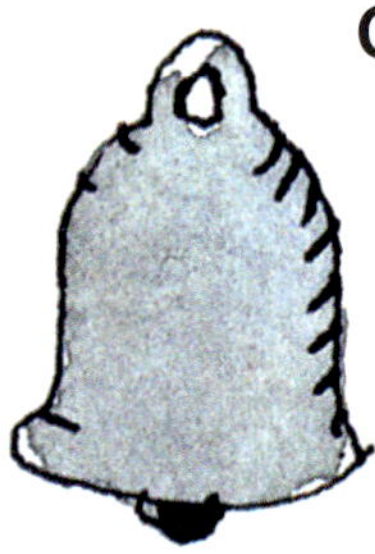

Glocke

großes **G**elb

kleines **G**elb

Goldfisch

Großmutters
goldene Hochzeit

grüner Frosch
im **G**ummiboot

H

Hammer

Hämmerchen

Hahn

Handschuh

Hahn

Huhn

H

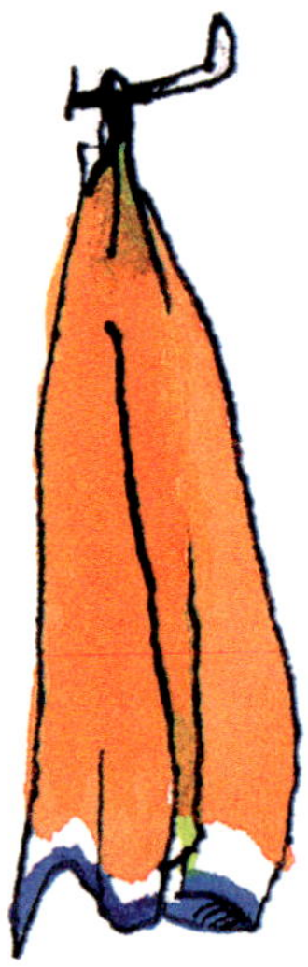

Hildchens
Handtuch **h**ängt
am **H**aken.

Hampel, lieber
Hampelmann.

heißer
Hamburger

Handy

Haifisch

H

Handfeger auf
Häkelkissen

halbtoter **H**ering

Hose

Hemd

Haus

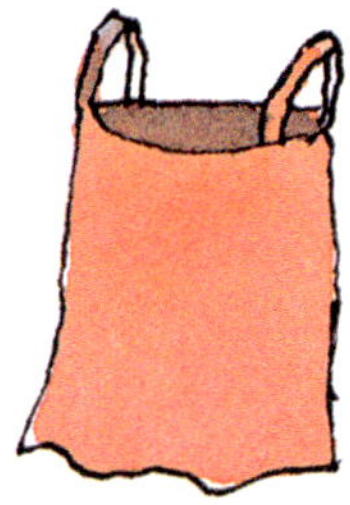

Hase **H**ans hält
Hannis Blümchen.

Herz

Haltestelle

H

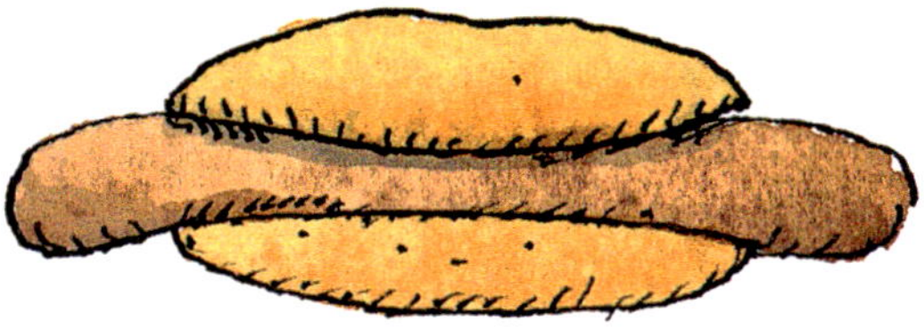

Hot Dog

Hängt **h**ier nicht ein
Hut am **H**aken?

hungriger **H**und
mit **H**alsband
und **H**ot Dog

Hubschrauber

I

Indianer mit Kriegsgeschrei

Isolde mit den langen Haaren

Ich mit Ilse

Iwan mit Ingeborg

Igel

Insel im Indischen Ozean

J

alter **J**anosch

Jedes **J**ahr ist
Januar.

neue **J**acke

Jaguar auf **J**agd

J

Juwel

Joghurt

Junge im Tor

Jaguar

Jeep

K

Kaktus

Kamel

Käthe kommt
im **K**ahn.

kleiner **K**äfer

Kartoffel mit
Schale

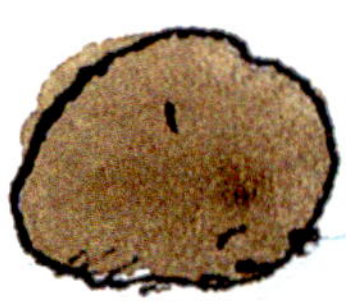

Komm zurück, **k**leiner
Fink, in den **K**äfig!

Kartoffel ohne
Schale

K

Katze mit armer **K**irchenmaus

Kater Mikesch
kennt **k**eine
Gnade.

Kirschen

Karotte auf
Katharinas
Kissen

Käsebrett mit **K**äseglocke

Küchenmaus

kleine **K**uchengabel

K

Kipplaster

Komponist

König mit **K**rone **k**riegt
Karlchens **K**offer.

K

Krawattenbär

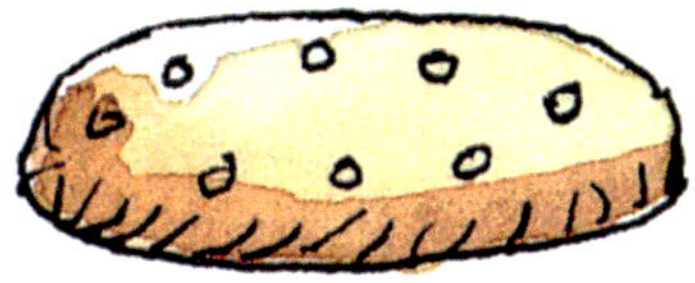

Keks

Knoblauch

Kirche

Kragenschleife

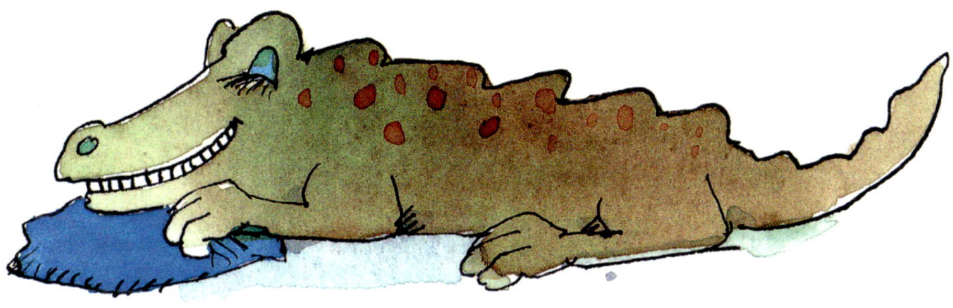

Krokodil mit **K**issen

K

Klecksserei

Kunstmaler

Kleiderhaken

Kran

K

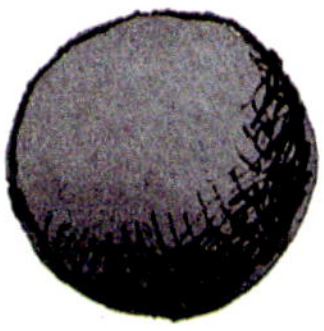

Kugel

Krächze, **K**rähe,
krächze nur!

Kleiderbügel

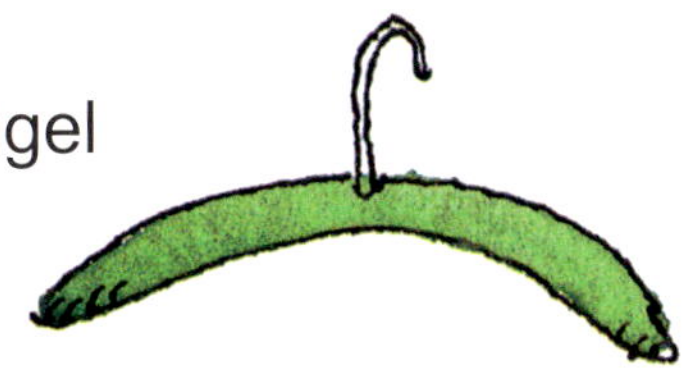

Knopf

Küsschen, **K**üsschen

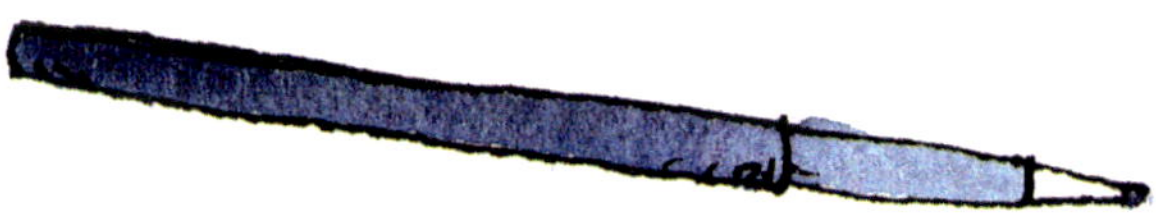

Kümmel

Kugelschreiber

Krug

Kuh

K

Koks

Knoten

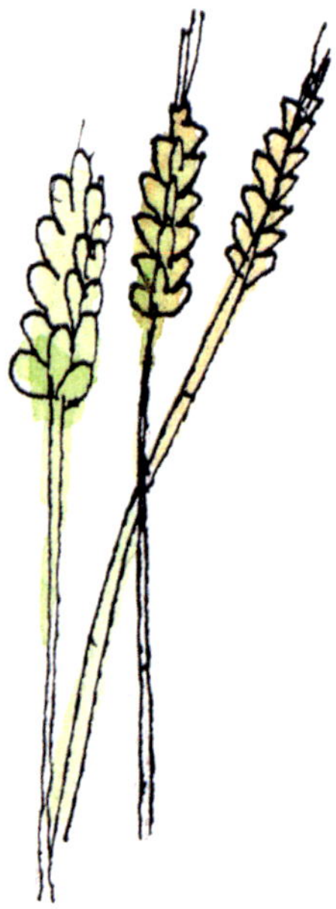

Korn

Kurve

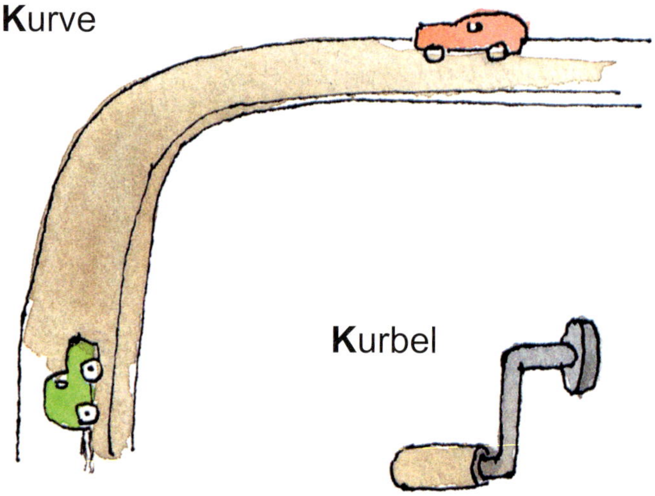

Kurbel

Knallerbse

Kiste

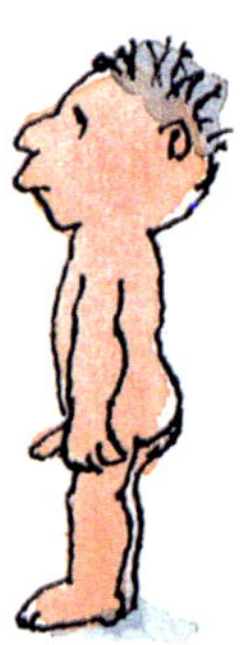

kleines **K**näblein

kurze **K**ette

K

Kind mit
Kopftuch

Kinderwagen

Günter
Kastenfrosch

Kordel

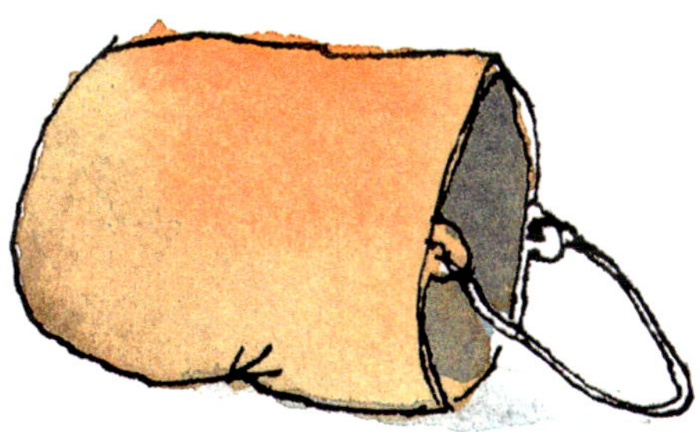

Kreide

Kübel

Kuchen

Krümel

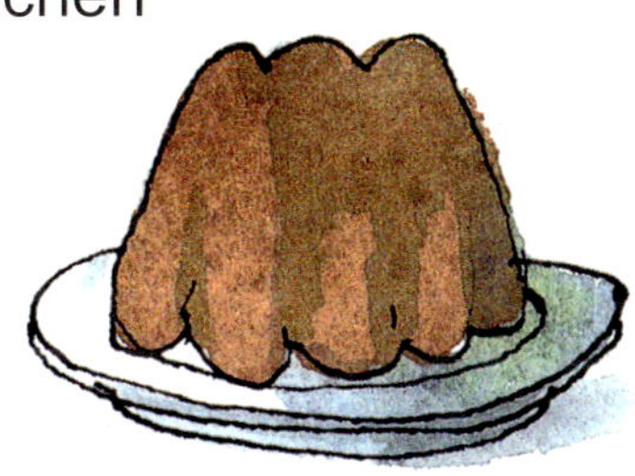

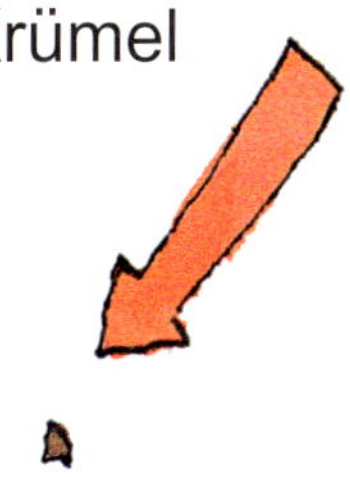

Kreis

K

Koch

Kröte **k**ocht
Kartoffelsuppe.

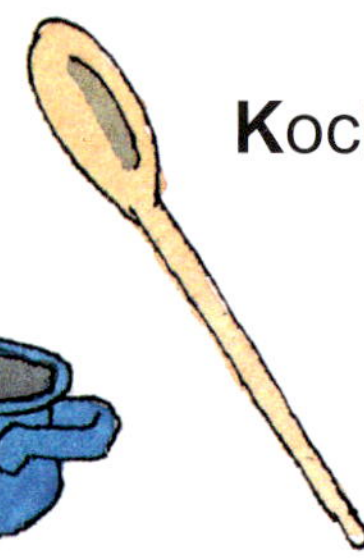

Kochlöffel

Kürbis

Kochtopf

Kalle, **k**leiner **K**egelkönig

L

Leuchte, **l**iebe
Lampe, **l**euchte!

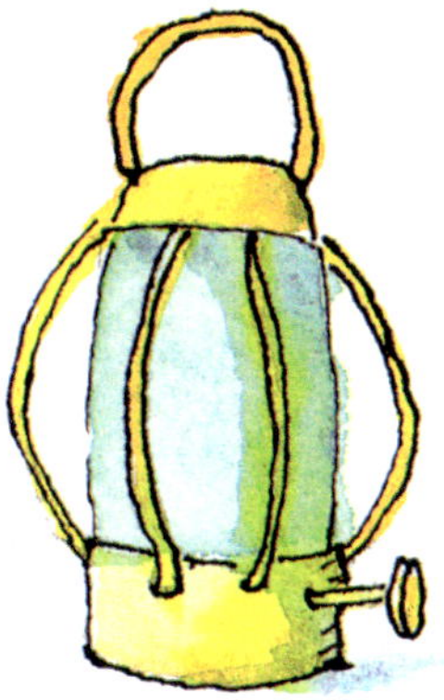

Laterne

Lastwagen

Lieferwagen

Leiter

Latzhose

L

Leierkastenaffe

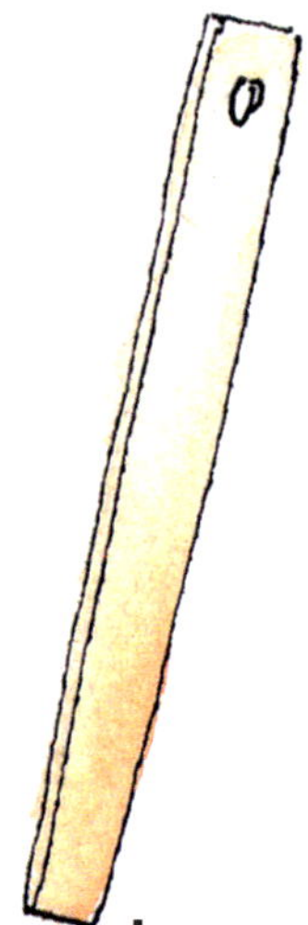

langes
Lineal

Löffel

Leuchtturm

Ludmillas linker
Lederschuh

L

leichter
Luftballon

Lustiger **L**öwe **l**acht
schon wieder.

Leopardin im **L**eopardenmantel

Lotsenschiff

L

Lach doch mal mit
Lachfrosch!

Löffelbagger

Lokomotive

M

Mann mit **M**ütze
und **M**antel

Makkaroninudeln

Mädchen
mit **M**aske

Maulwurf

meine **M**elone

deine **M**elone

M

Marionette

Maschine

Maus

Messer

Muskelmann

Mücke

M

Mumie

Muschel

Mülleimer

Motorroller

Motorrad

M

Müllmann

Müllwagen

Mimi **m**it **M**ütze und **M**ieze

Mutter ohne
Schraube

Mutter mit
Schraube

Muttertagsblumen

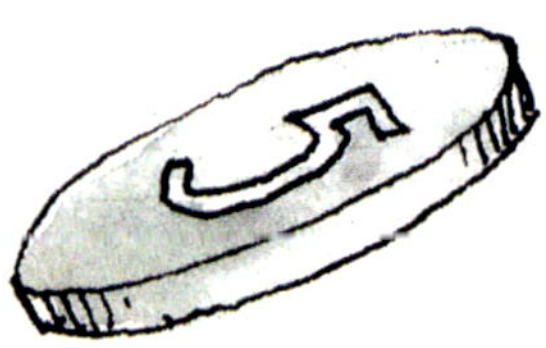

Münze

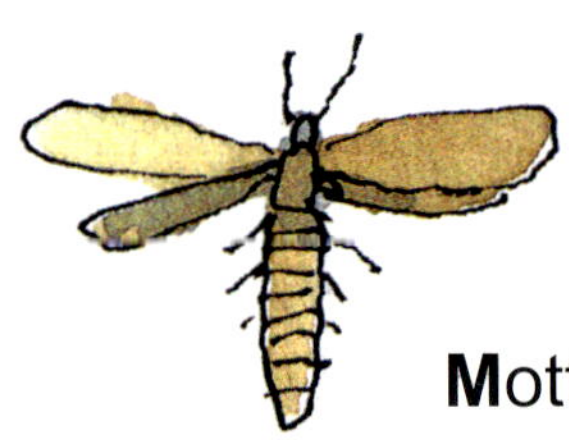

Motte

N

Nacht

Nachthemd

Nuss

Nasenbär

Nasenente

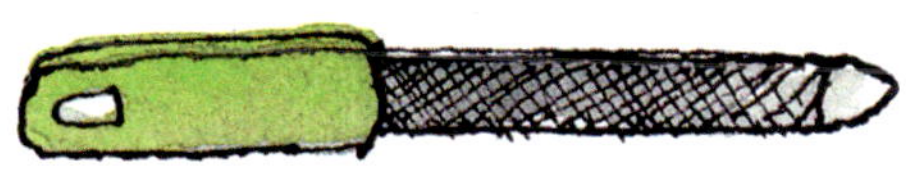

Nagelfeile

Nadel

Nagel

Nagelbürste

N

neunzehn

Nummernschild

Nickelbrille

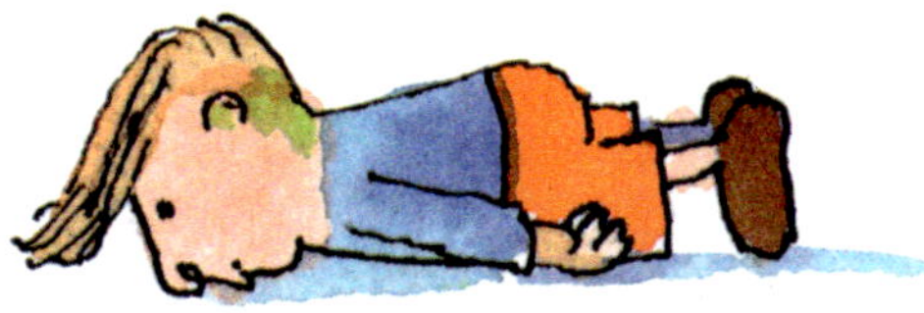

Norbert Nödel liegt
auf der Nase.

Nashorn

Nikolaus

O

Ofen

Obst

Obstkorb

Orange

Oldtimer

Osterhase

Opa **O**bermeier

Ortsschild

P

Pandabär lehnt an **P**aket.

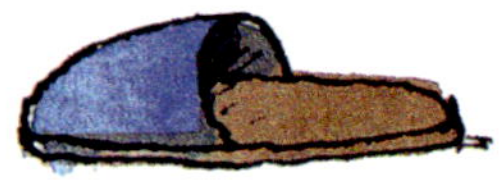

Papas **P**antoffel

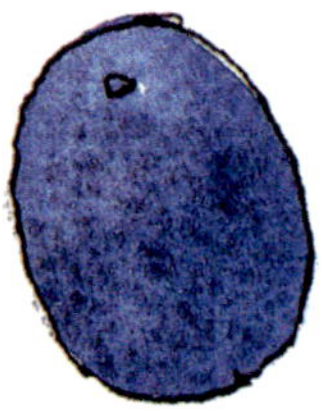

Pflaume

Pfeife

Papagei

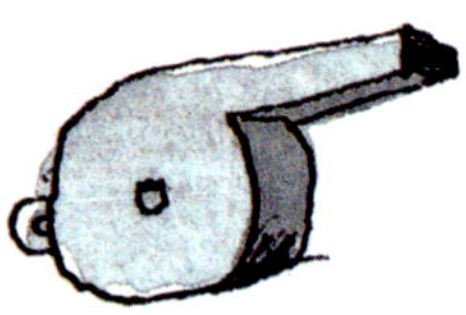

Pfeife

Pinkelhund

P

Pferd

Pinguin

Pinsel

Pommes frites

Planierraupe

P

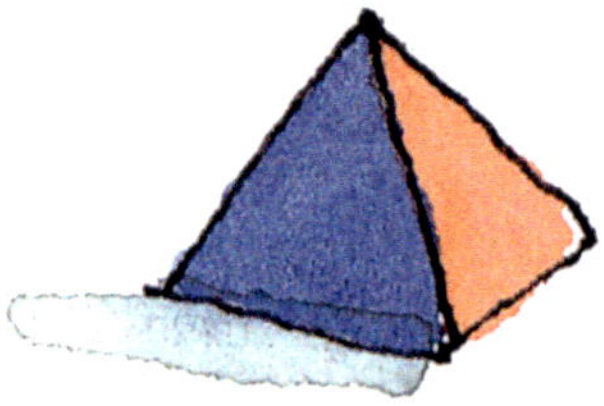

Pyramide

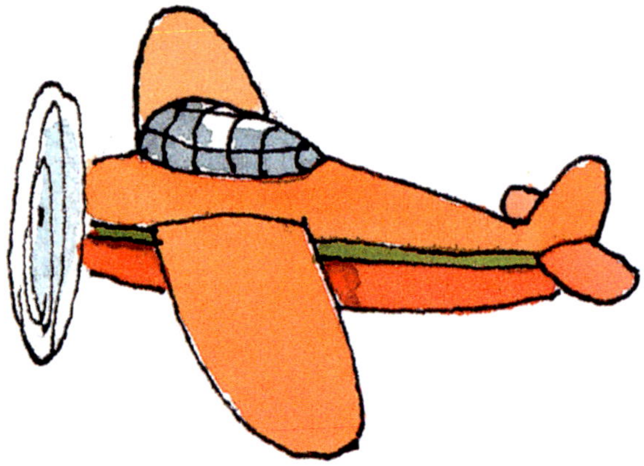

Propellerflugzeug

Pony

Paketauto

Pakete

Pudel mit **P**udelmütze

Papa **p**utzt schon wieder.

Qu

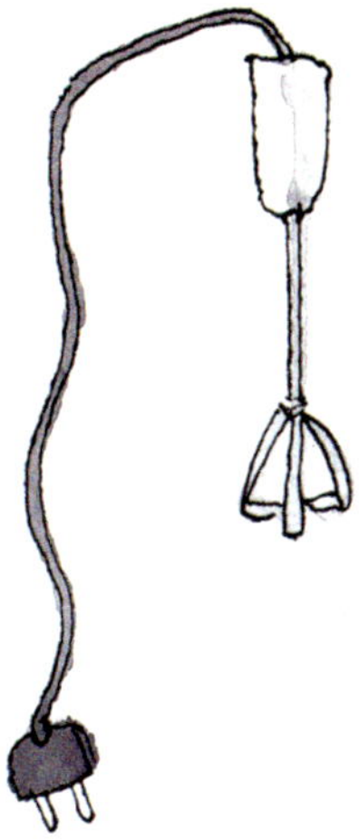

Querflöte

Quirl

Quadrat

Quasselkopf **Q**uendolin

Quelle

Qualle

R

Rabe **r**ettet einen **R**egenwurm.

Rad

Radiergummi

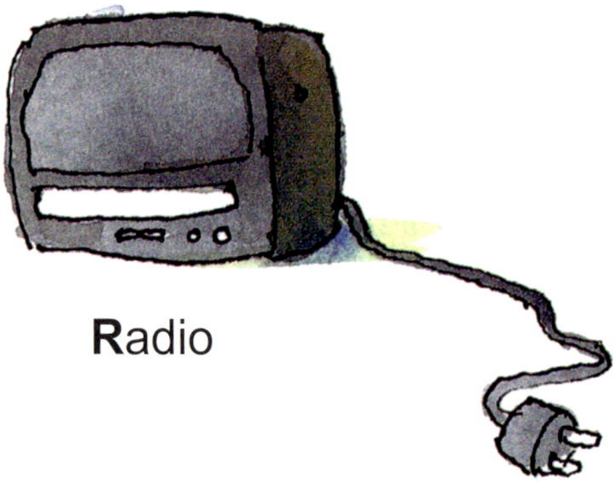

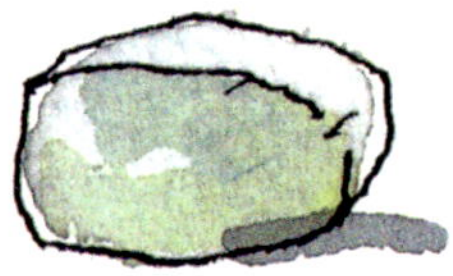

Radio

Rakete

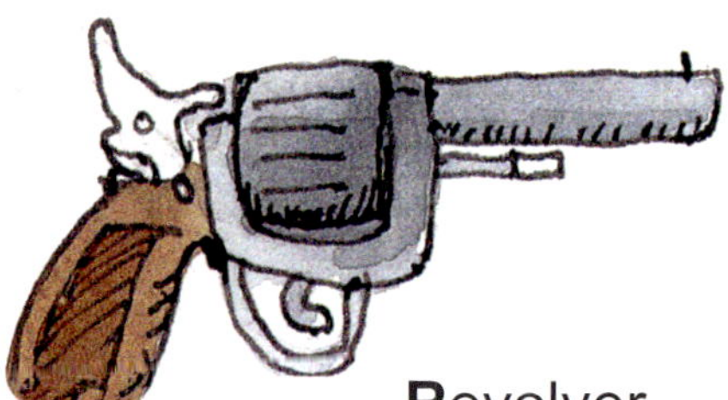

Revolver

Räuber **R**udi **R**üpel

R

Regenschirm

Rollschuhroboter

Rettungsboot

rechts abbiegen

Rennauto

R

Rauch

Raupe

Raupenschlepper

Rechen

Ruderboot

R

Riese mit **R**iechblume
und **Ri**ng

R

rote **R**abenperücke

Rotfuchs

Rudis **r**ote **R**übe

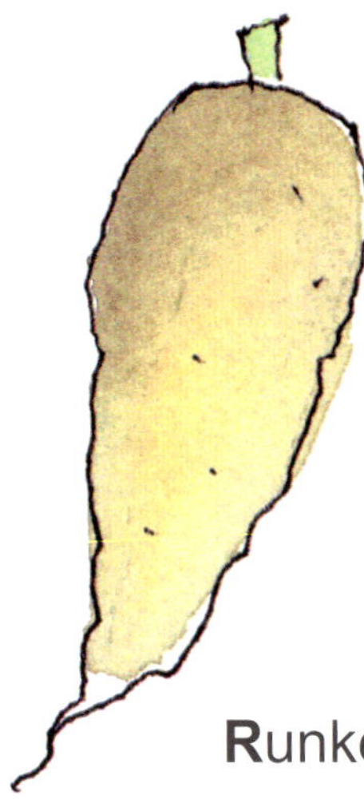

Runkelrübe

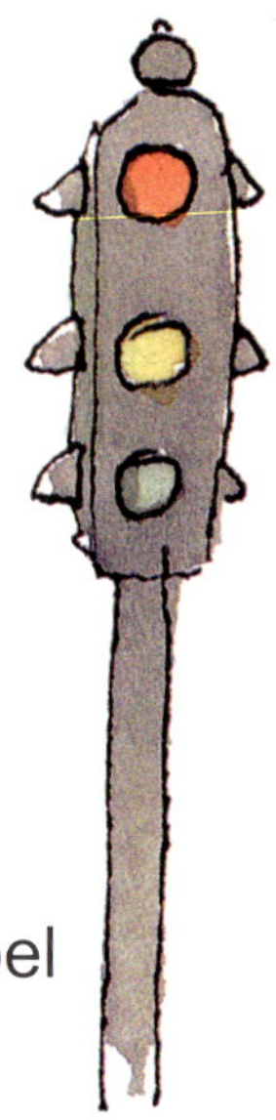

Rot an der Ampel

Rot allein

S

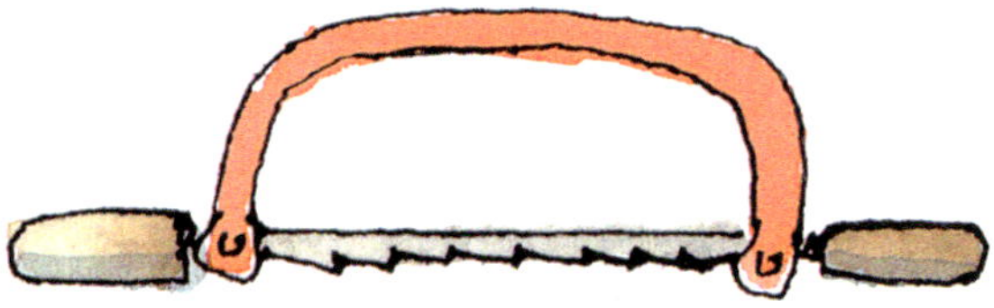

Säge

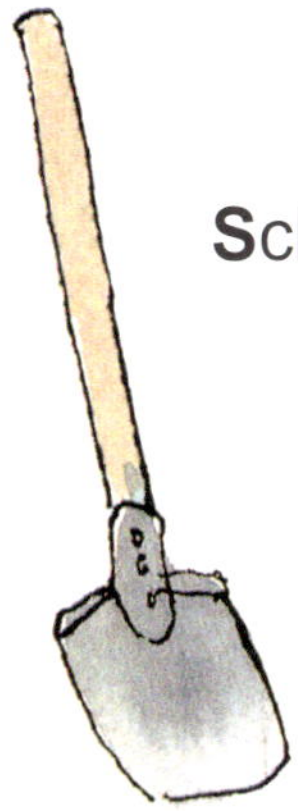

Schaufel

Sack

Sänger

Sichel

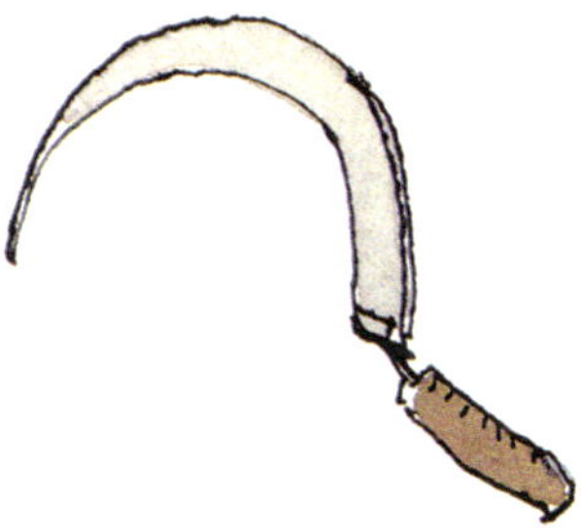

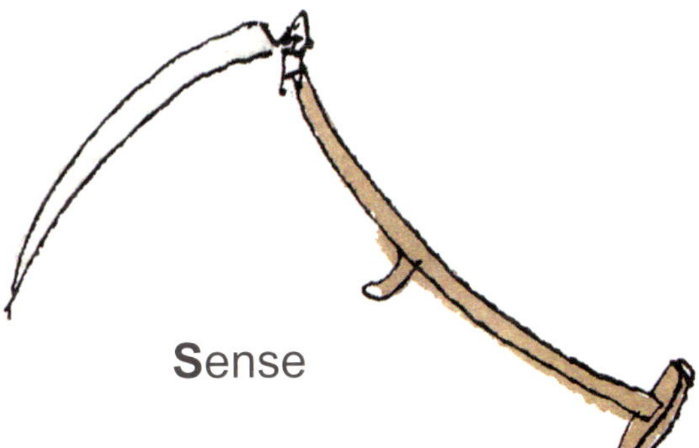

Sense

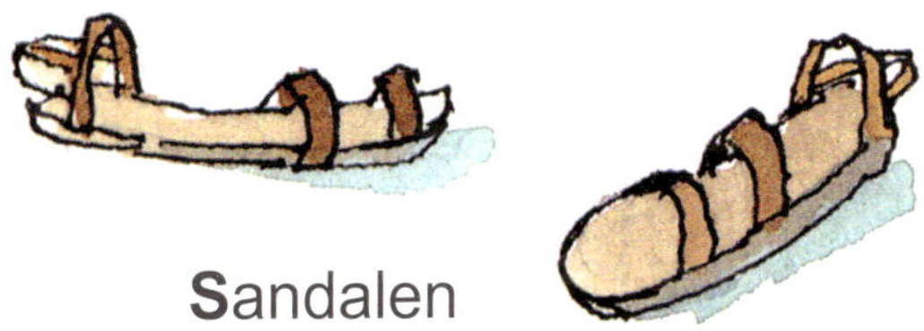

Sandalen

S

Die **S**chule brennt.

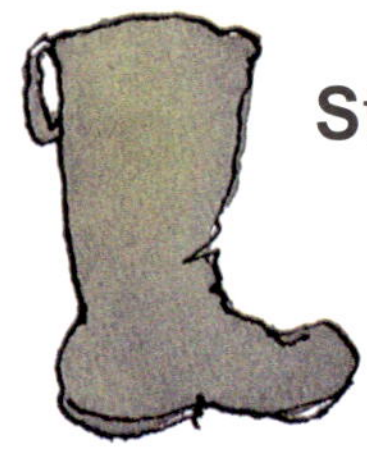

Stiefel

Schildkröte

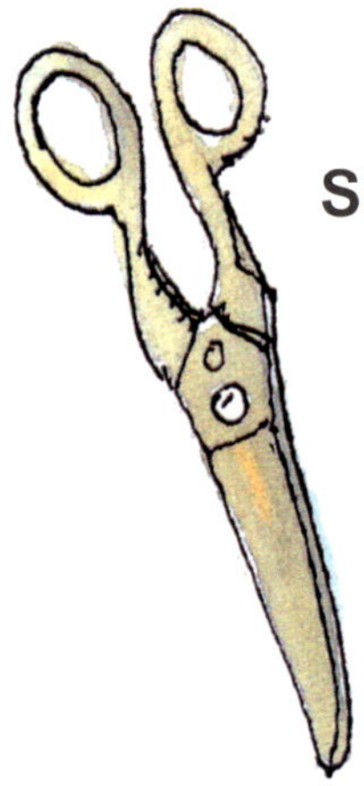

Schere

Schiff

schief getretener
Schuh

Schneemann

Schneefrau

S

schwarzes **S**chaf

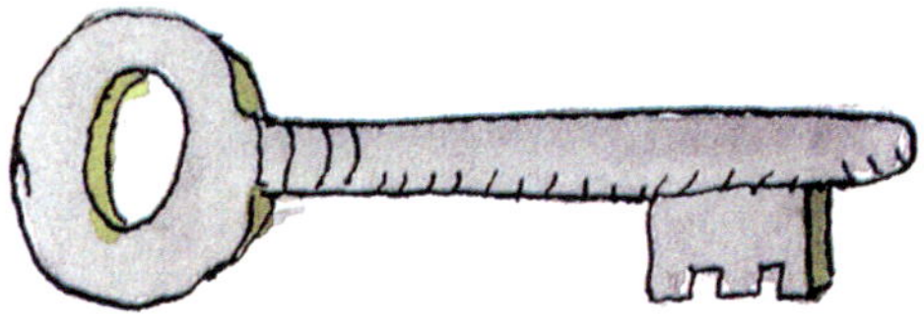

Schlüssel

Seeräuber **S**chwarzer **S**tiefel
schlürft **s**üßen **S**aft.

Schnurrbart

schöne
Sonnenbrille

Strohhalm

Schlange

S

Schürze

Schmetterling

Schnecke

Schnorchel

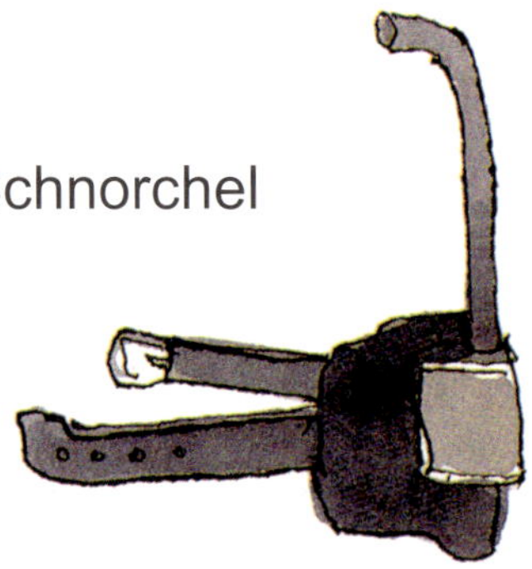

Speise

Schuss ins Aus

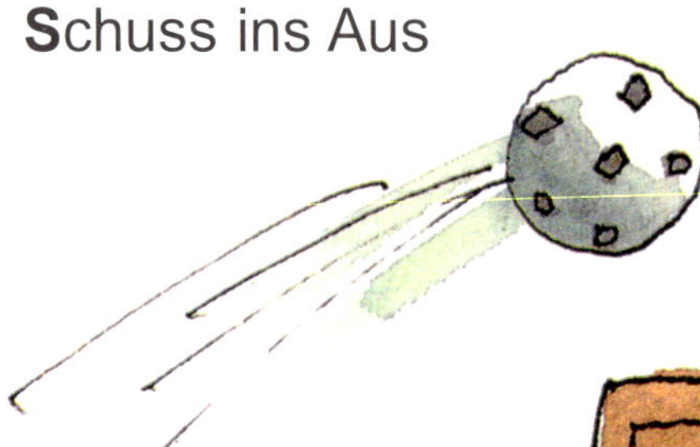

Schwein, du Luder,
niemals bist du
mein Bruder!

Schrank

S

sieben

Spiegel

Schönheit

Stiefel mit Sporn

Stern

Stab

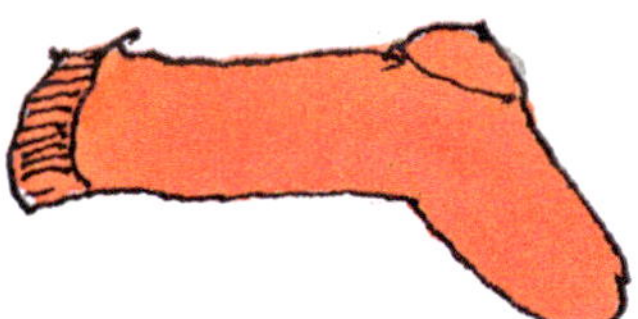

Strumpf

Sofakissen

Susi sitzt auf dem Sofa.

S

Sportlerin

Skateboard

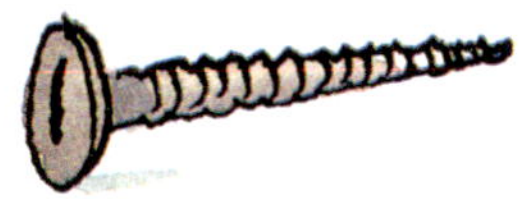

Schraube

Streichholz

Soldatengrab

Sohn **S**tephan mit **S**tiefmutter und **S**tieleis

Sonnenschirm

Sommer

Strand

Springfisch

Sand

Sonnencreme

S

Schubkarren

Spaghettinudeln

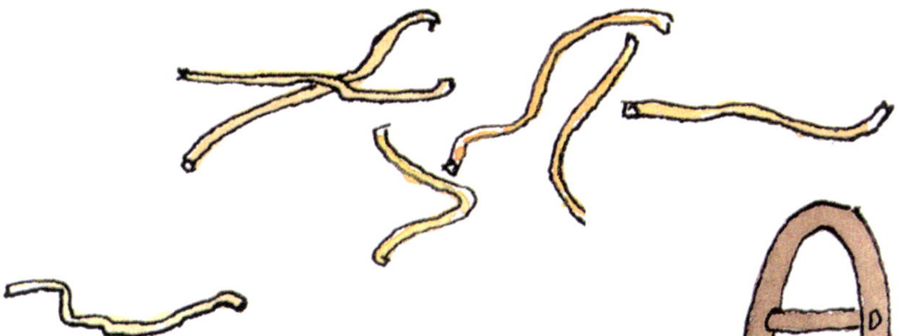

schiefer **S**tuhl

Sitzkissen

Stöpsel mit **S**chnur

Susi sing doch mal!

T

Tante **T**rudchen **t**rinkt **T**ee aus der **T**eetasse.

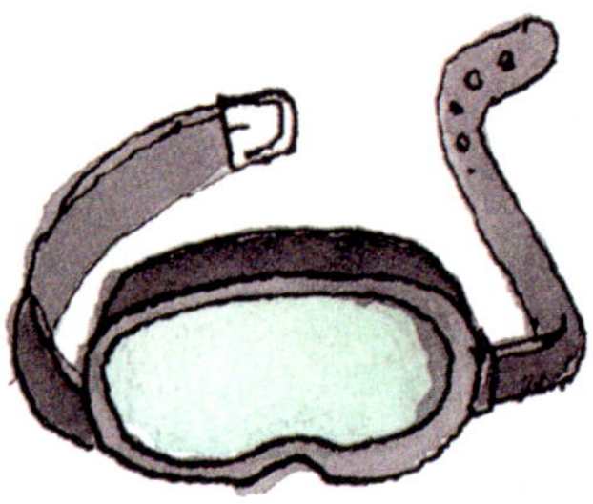

Taucherbrille

Tafel

Tomaten

Telefon

Tag und Nacht

Taxi

Tanne

Trudchens **T**asche

Trollibär trifft
Teddybär.

T

Trauriger **T**iger **t**rödelt schon wieder.

kleiner **T**iger

tiefer **T**eller

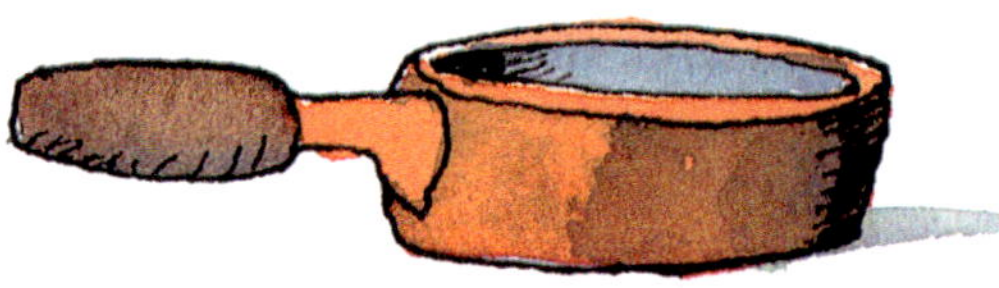

Tiegel

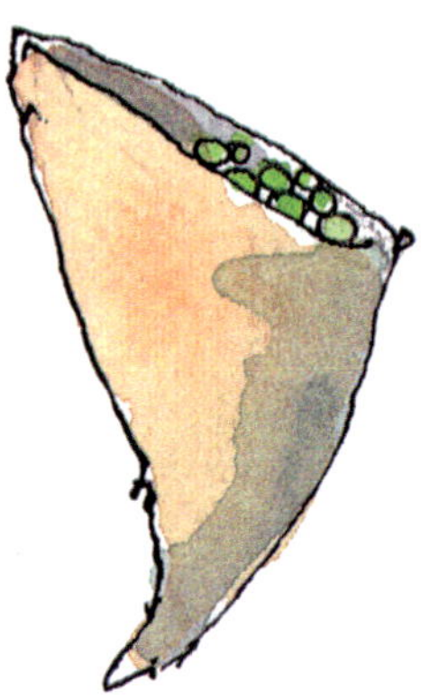

Tüte Erbsen

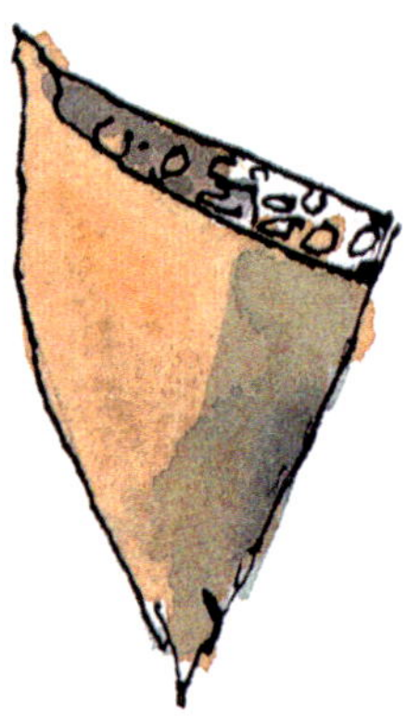

Tüte Popcorn

Tüte Fliegen

T

Tisch mit
Tintenfass

Tennisschläger

Tigerente

Topf

Traktor

T

Taschenlampe

Traudchen und **T**ümmel

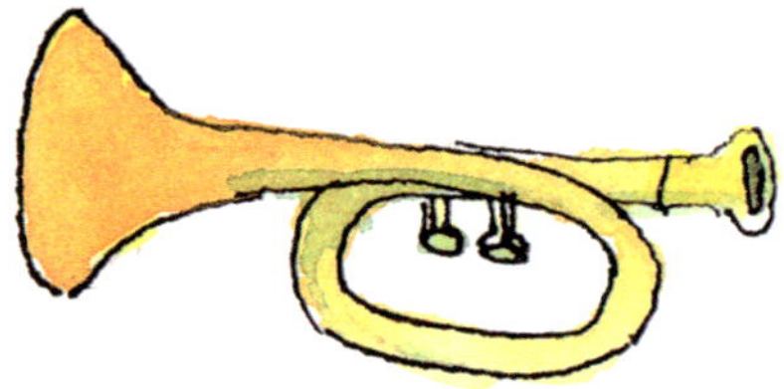

Trompete

Tulpe

Tölpel

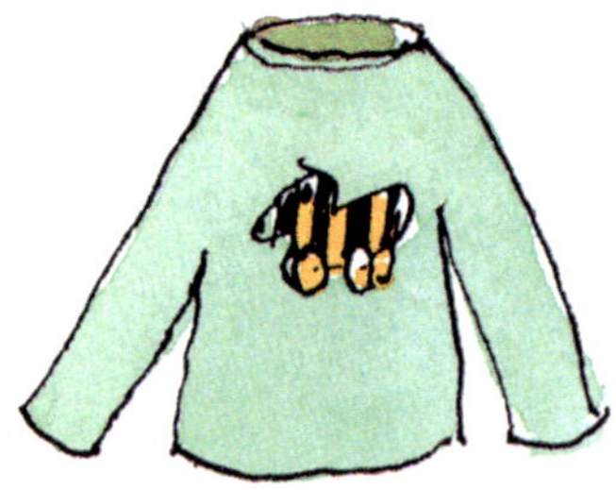

T-shirt

Tür

Tunnel

U

Ufo

Uhu

Uhr

Untertasse

Unterhose

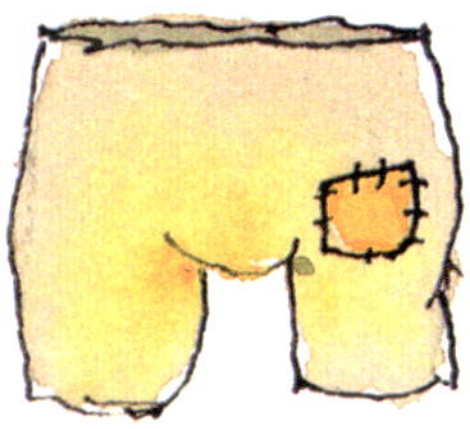

Ungeheuer

Unterseeboot

V

Vater fährt mit **V**roni in
den Ferien nach **V**erden.

Vogelscheuche

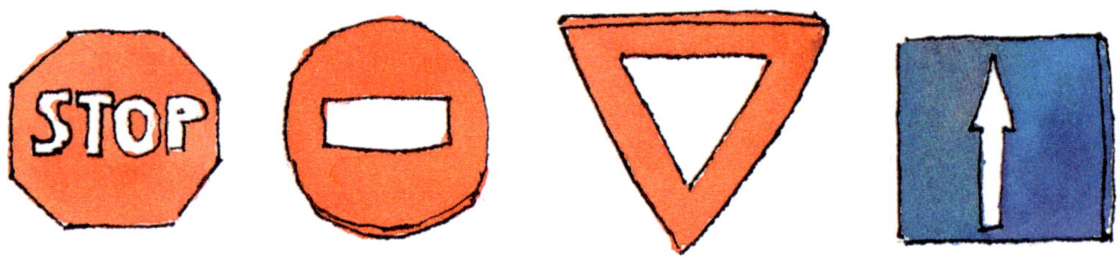

Verkehrszeichen

Vogelvater mit Sohn

vier

W

Wasserball

Waschlappen

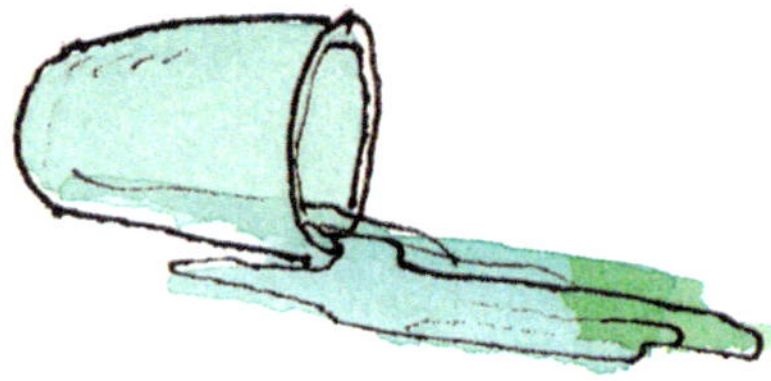

Wasserglas

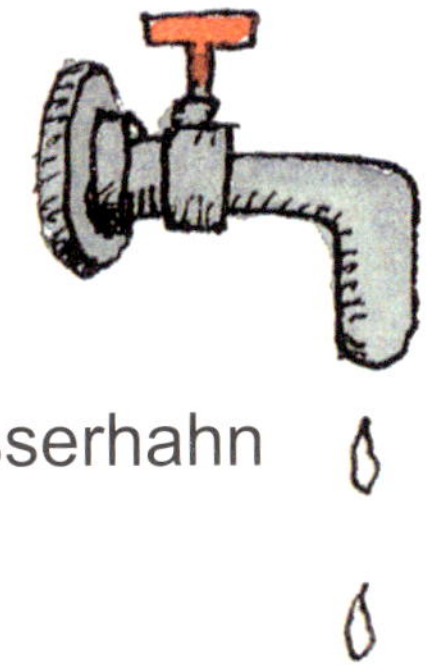

Wasserhahn

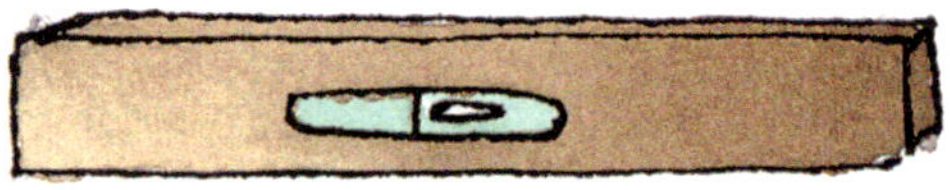

Wasserwaage

Waschschüssel

Waldemar weiß,
wo Willi wohnt.

Waggon

W

Waage

Wasserkessel

Weihnachtsbaum

Weihnachtsbär **w**ünscht
Weihnachtsengel guten Flug.

W

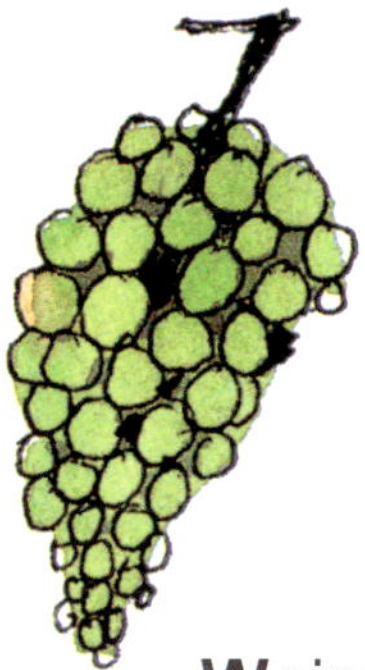

Weintrauben

Weihnachtsschmuck

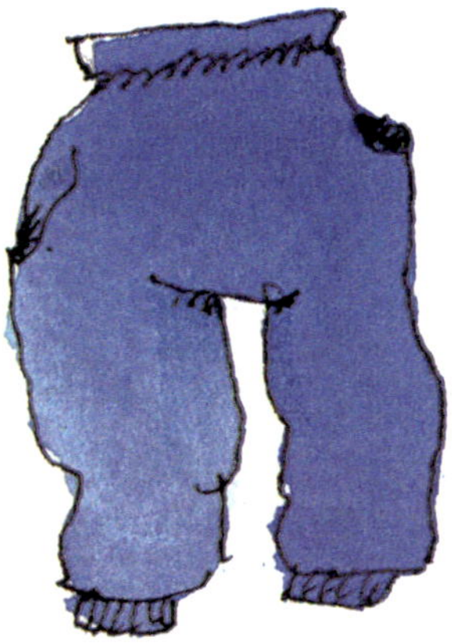

warme **W**interhose

Wecker

Wasserskiläufer

W

Weltkugel

Wintermütze

Wanda **w**ird
Weltmeisterin.

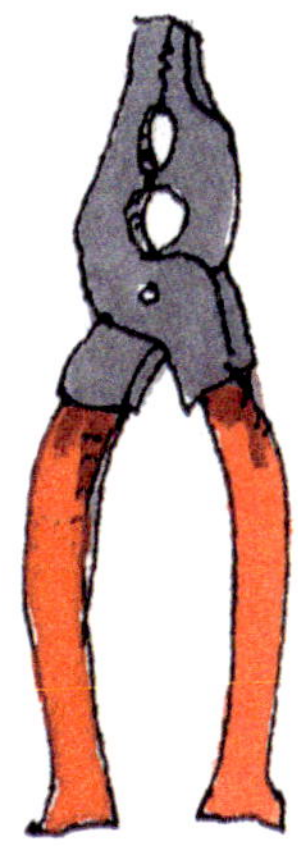

Werkzeug

W

Weiß im Viereck

Wespen

Würfel

Wurst für **W**aldi

Wohnwagen **w**artet
wieder auf den
Winter.

W

Wassertropfen

Wohin gehst du,
Walter?

wütender Wolf

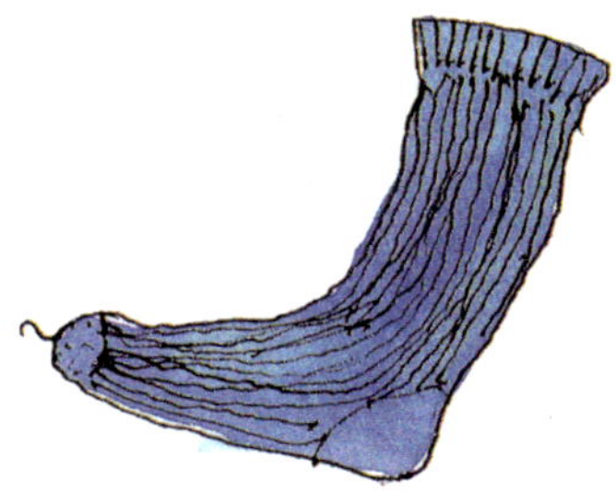

Wollsocken

Wolken

Wolkenkratzer

X

Xaver braucht **X**-large.

XX-large

Xenia heißt **X**enia.

X-Beine

Y

Yeti

Yak

Yacht

Yvonne mit
Zahnspange

Z

Zahlen

Zahnpasta

Zahnbürste

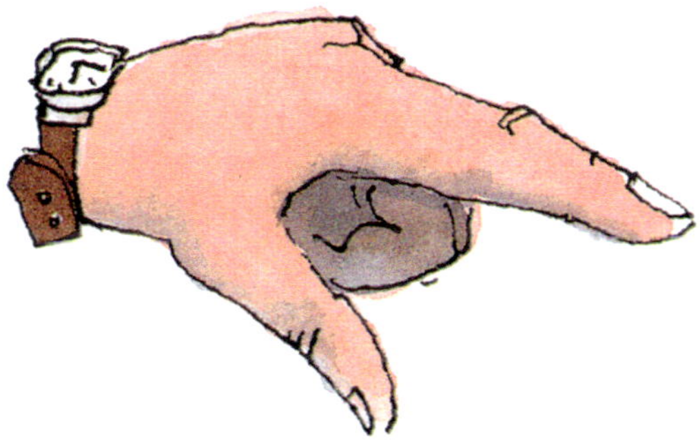

Zeigefinger

zehn

Zauberkünstler

Z

Zugvogel

Zelt

zugedecktes
Hündchen

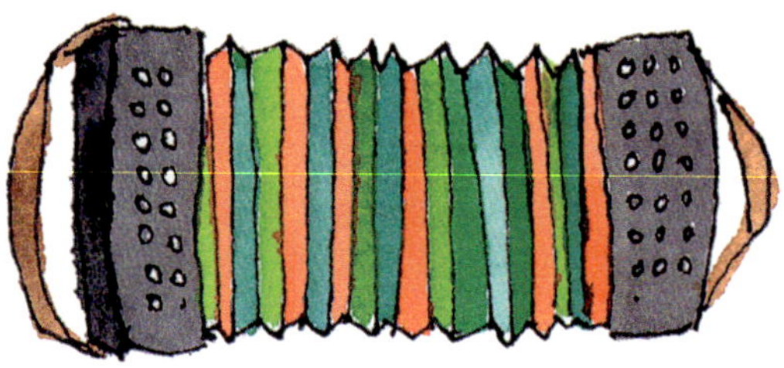

Ziehharmonika

Zeitung

Z

Ziegelstein stehend

Ziegelstein fallend

zwei Zierknöpfe

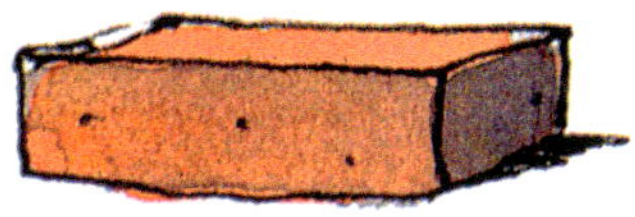

Ziegelstein liegend

Ziegenbock

Ziege

Z

Ziehfisch

Zierfisch

Ziehhaus

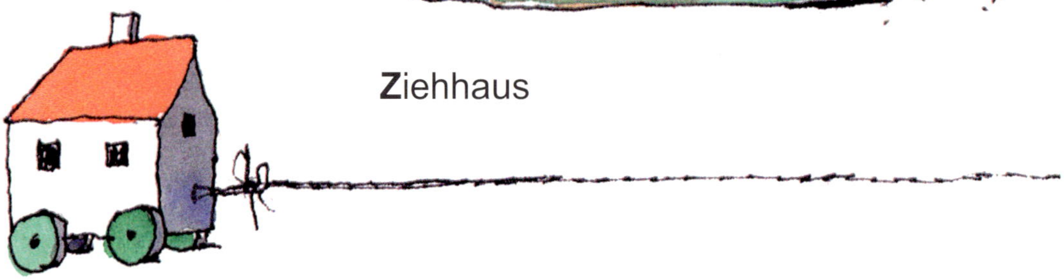

Zollhaus

Z

Zunge

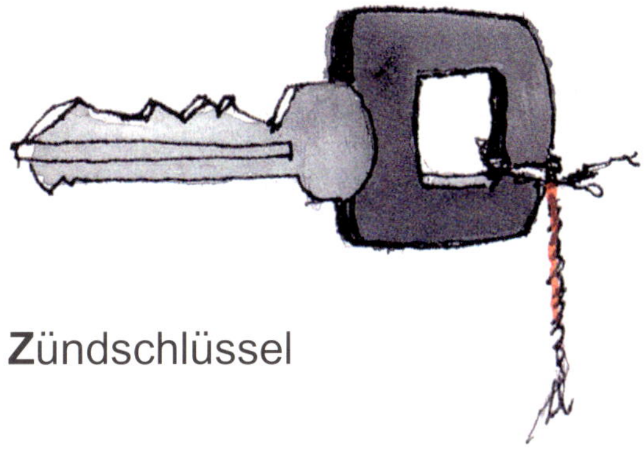

Zündschlüssel

Zirkusdirektor Zampano zeigt
dem Hund die Zirkuskunst.

Zimmerpflanze

Z

Zitrone

zwei

Zwerg

Zugführer

Z

Zylinder

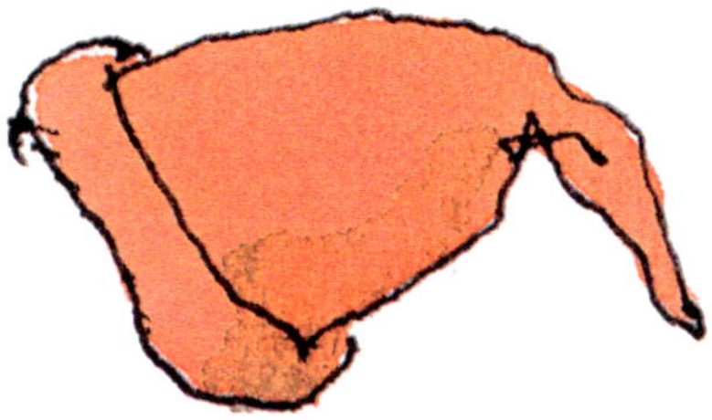

Zipfelmütze

zweiunddreißig

Zopfmann Zacharias
Zwiebel

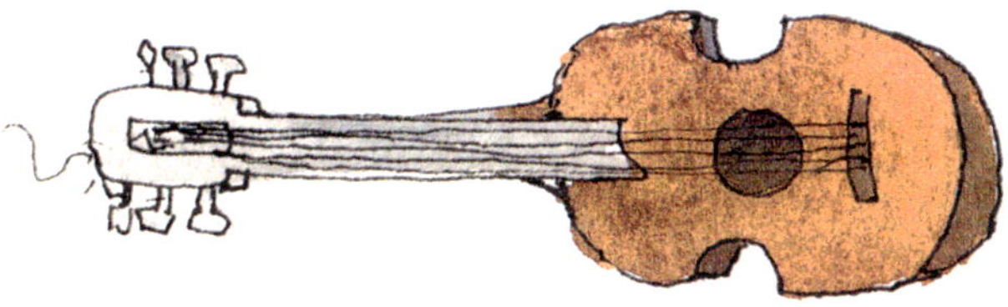

Zupfgeige

zwei Zeiger

Zwiebel

Zaunkönig

Der **Z**eisig singt im **Z**irbelbaum, er ist so klein, man sieht ihn kaum.

Ende